GIOVANNI PELLICCIOTTA

ARREDO FACILE

Libera la Tua Creatività Imparando ad Arredare la Tua Casa con Pochi e Semplici Trucchi

Titolo

"ARREDO FACILE"

Autore

Giovanni Pellicciotta

Editore

Bruno Editore

Sito internet

http://www.brunoeditore.it

Tutti i diritti sono riservati a norma di legge. Nessuna parte di questo libro può essere riprodotta con alcun mezzo senza l'autorizzazione scritta dell'Autore e dell'Editore. È espressamente vietato trasmettere ad altri il presente libro, né in formato cartaceo né elettronico, né per denaro né a titolo gratuito. Le strategie riportate in questo libro sono frutto di anni di studi e specializzazioni, quindi non è garantito il raggiungimento dei medesimi risultati di crescita personale o professionale. Il lettore si assume piena responsabilità delle proprie scelte, consapevole dei rischi connessi a qualsiasi forma di esercizio. Il libro ha esclusivamente scopo formativo.

Sommario

Introduzione   pag. 5
Capitolo 1: Come allestire i vari ambienti   pag. 7
Capitolo 2: Come usare la luce, i colori e i materiali   pag. 33
Capitolo 3: Come arredare con tessuti e complementi   pag. 53
Conclusione   pag. 72

Introduzione

Tante possono essere le situazioni che ci spingono ad avvicinarci alla scelta di nuovi arredi o anche solo a un rinnovamento delle stanze che abitiamo. Magari sei alle prese con una semplice ristrutturazione o hai la necessità di creare all'interno della tua abitazione una stanza da dedicare al lavoro o a un hobby oppure è l'arrivo di un bebè a portarti a un ripensamento dello spazio!

Hai appena acquistato la tua nuova casa e ti sembra di aver raggiunto un grande traguardo; in parte è così ma, tuo malgrado, ti rendi subito conto di trovarti a un nuovo punto di partenza: la casa nuova c'è ma intorno a te hai solo grandi e vuote pareti bianche. Ti starai chiedendo da dove iniziare, vero? Qual è la prima stanza da arredare, di quanti e quali mobili avrai bisogno?

Questo ebook può aiutarti dandoti degli spunti all'approccio progettuale dell'arredamento *fai da te*, argomento molto complesso che richiede competenze specifiche e studi approfonditi, e che necessiterebbe del sostegno di personale qualificato. Ma, comunque, questo manuale è un'ottima base di partenza per te che hai tempo da dedicare all'arredamento e voglia di farlo.

Forse ti sarà capitato di chiederti: «Perché la mia amica ha arredato la sua casa da sola e ha ottenuto un ottimo risultato, mentre io sono solo capace di fare pasticci?» Pensi che lei abbia più gusto di te? Ti sbagli! Hai solo bisogno di qualche suggerimento per affrontare l'impresa con lo spirito adatto!

Questo libro non vuole sostituire l'apporto tecnico di un professionista ma vuole essere una valida guida, dato che si commettono spesso errori, a volte banali e quindi facilmente eliminabili.

Con i nostri consigli, il giusto impegno e tanta determinazione potrai imparare a capire e interpretare le regole del gioco, diventando estremamente creativo, capace di poter superare anche noi tecnici del settore, spesso legati a preconcetti costruttivi che pongono limiti alle infinite possibilità creative.

CAPITOLO 1:
Come allestire i vari ambienti

La prima cosa che devi fare è analizzare lo stile di vita che hai e quali sono le tue specifiche esigenze, come vivrai la tua abitazione, ma anche se la condividerai con qualcuno e in tal caso con chi. Sei d'accordo con me sul fatto che sarebbe inutile progettare un'enorme cucina se sei abituato a mangiare fuori casa e non hai un buon rapporto con i fornelli; oppure creare un grande salotto dove accogliere gli ospiti se già sai che non inviterai mai nessuno a prendere un caffè a casa tua!

Quindi la prima cosa da fare è avere le idee ben chiare su come dovrà essere la tua casa per sentirla davvero tua e viverla a pieno. La visione dell'arredamento deve essere un progetto d'insieme: l'architetto, infatti, prende in considerazione tutto lo spazio abitativo prima di definire i singoli ambienti e sceglie i mobili per ogni stanza in relazione anche alle altre camere.

Facendo un passo alla volta, non correrai il rischio di riempire la tua casa di un'accozzaglia di mobili e oggetti disordinati, ma realizzerai un arredamento completo, guidato da un pensiero coerente. Devi imparare a fermarti per riflettere e fare scelte d'insieme che a volte possono penalizzare un oggetto tanto desiderato, al quale non avresti mai voluto rinunciare. Non devi scoraggiarti perché anche gli architetti più bravi a volte cadono in errore.

Anzitutto è bene tenere presente il fatto che in molti ambienti della casa sono sufficienti pochi ma precisi elementi di arredo sui quali è opportuno concentrare la propria attenzione. La cosa più difficile sta proprio nel capire quando bisogna fermarsi e imparare a sottrarre qualcosa piuttosto che aggiungere: l'idea che il grande architetto e designer Mies van der Rohe aveva dell'ordine è *less is more*, ossia *meno è più*.

Il tuo nuovo arredamento, inoltre, deve avere anche un suo stile; la scelta di quest'ultimo è a tua discrezione e gusto! I principali stili contemporanei di arredamento sono:
- **minimalista**: forme lineari e pulite, senza imbellettamenti,

decorazioni e fregi; spazi ariosi e aperti; le geometrie pure di quadrati, rettangoli, triangoli, cerchi o ellissi; pochi i colori che si alternano negli ambienti fino a un massimo di tre per stanza;

- **etnico**: caratterizzato dalla presenza di prodotti di importazione; tessuti, stampe, ricami e applicazioni si ornano di pietre e perline; i colori dominanti sono quelli dai toni brillanti e saturi del giallo, dell'arancio e del rosso alternati alle tonalità naturali e neutre della terra come il marrone, sabbia e beige; la biancheria e i tessuti per la casa sono in lino, cotone e canapa, abbinati a oggetti d'artigianato in terracotta, ferro battuto e legno;
- **arte povera**: fatta di materiali primari come il legno massiccio, tradizionale e semplice grazie alla tipica finitura a cera con effetto anticato; i materiali dei tessuti sono in lino e cotone e raffigurano simboli naturali della vita agreste;
- **classico**: stile classico bon ton, elegante; i legni dei mobili sono prevalentemente ciliegio e noce; le vetrine contengono le ceramiche pregiate, i servizi di cristallo e l'argenteria in bella mostra; l'armonia è data da forme misurate e composte;
- **country**: mobili in legno grezzo dipinti con vernici, cere a

effetto screpolato, finto invecchiato, finto marmo e spazzolato.

Se l'ambiente è unico cerca sempre di mantenere lo stesso stile (ad esempio cucina-soggiorno) e non mescolarli, evitando il patchwork; se invece gli ambienti sono separati o su due livelli puoi optare anche per la scelta di stili diversi.

SEGRETO n. 1: Considera le varie stanze come parti di un insieme e non indipendenti e separate le une dalle altre.

Per facilitarti il lavoro innanzitutto dividiamo la casa in aree ben definite:
- la zona giorno;
- la zona notte;
- le aree di servizio.

Partiamo ad arredare dalla zona giorno, normalmente più complessa nella divisione degli spazi, e suddividiamola ulteriormente in cucina, living o salotto e area d'ingresso. Dal primo progetto e dalla scelta di questa parte di casa, normalmente la più vissuta, a poco a poco passeremo a scegliere l'arredamento delle altre aree.

La cucina

Orientarsi nella scelta di una cucina non è facile in quanto gli elementi di cui tener conto sono tantissimi e spesso non si sa bene in quale ordine! Serve per tutti, allora, qualche consiglio per sapere almeno da dove cominciare e quali scelte è più giusto effettuare per noi stessi, per la nostra personalità e per i nostri desideri, senza mai rinunciare alla praticità, alla facilità d'uso, alla semplicità di pulizia (importantissima in cucina!) ma soprattutto alla funzionalità.

La scelta della composizione dipende dallo spazio a disposizione, dalle nostre esigenze e dal gusto personale. Le tipologie a disposizione sono comunque numerose e occorre conoscerle, per poter scegliere:
- lineari;
- ad angolo (a "L" o "U");
- a penisola;
- a isola.

Gli elementi che influiscono maggiormente sulla solidità di una cucina e sulla sua bellezza estetica sono i materiali delle strutture, dei rivestimenti e in particolare gli elettrodomestici caratterizzati da funzionalità e comodità d'uso; quindi, anche in questo caso, è utile sapere quali e quante possibilità si possono avere, cosa risponde alle nostre abitudini e cosa può aiutarci maggiormente nella vita di tutti i giorni.

Per prima cosa prendi le misure! È fondamentale quando si compra o si cambia la cucina recarsi dal rivenditore con le dimensioni esatte della stanza. Ecco quello che devi fare:

- procurati la pianta della stanza possibilmente in scala ma se non ti è possibile non preoccuparti e limitati a riportare su un foglio uno schizzo in cui, oltre alle misure dell'ambiente, siano indicati anche la posizione di porte, finestre, caloriferi e altre sporgenze (sarà poi cura dei fornitori riportare il tutto in scala);
- è importante indicare l'esatta posizione dei vari attacchi di luce, gas e acqua. Mentre il gas può essere portato più facilmente in un altro punto della cucina, se vuoi spostare prese o interruttori, ma soprattutto per l'acqua e gli scarichi,

occorre prevedere lavori in muratura.

È facile, quando si gira per negozi di arredamento, restare affascinati da un splendida cucina con isola centrale ma ricordati sempre che ti trovi in un locale espositivo molto ampio e quella composizione potrebbe risultare esagerata per le dimensioni della tua modesta cucina. Per renderti conto degli ingombri puoi utilizzare ad esempio il "metodo dei geometri": disegna dei quadrati di 6 mm per lato che corrispondono a 60 cm nella realtà, o rettangoli 6x9 mm e così via. Prova poi a comporli accostandoli tra di loro; non saranno altro che i moduli di una cucina.

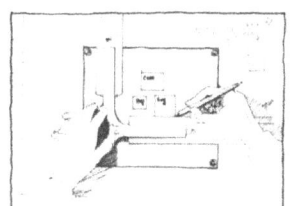 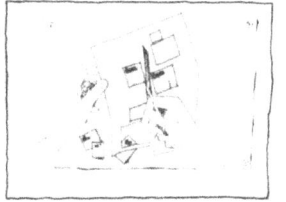 

AA.VV., Tecnologia delle costruzioni, *Le Monnier*, vol. 3

Quando compri una cucina, oltre alle esigenze di contenimento devi tenere conto della praticità d'uso dei mobili all'interno del locale in cui staranno, per muoverti con agio mentre prepari i cibi. Oltre all'ingombro di ante a battente, cassetti e cestoni, forno e frigo, tavolo e sedie, valuta il fatto che devi poter accedere al loro interno senza fatica. Facciamo qualche esempio:

- ante a battente: oltre al loro ingombro, solitamente da 15 a 60 cm, davanti al mobile devi tenerne liberi almeno 60 cm per poter accedere al loro interno senza fatica;
- cassetti e cestoni: si estraggono per tutta la loro profondità, quindi davanti ad essi devi avere a disposizione come minimo 90 cm per permetterne contemporaneamente l'estrazione totale dal mobile e lo spazio per il passaggio di una persona di traverso;
- colonna forno e frigo: dato che le ante si aprono perpendicolarmente a 90° per utilizzarli occorre di fronte uno spazio di utilizzo di 120 cm;
- tavolo e sedie: se stanno in cucina (ma vale anche se sono in soggiorno) considera che per non fare fatica devi tenere tutto attorno una zona libera di almeno 85 cm per spostare comodamente le sedie e far passare le persone.

Inoltre quando progetti la cucina devi tenere conto di alcune regole per quel che riguarda le altezze di basi e pensili per poterne usufruire senza problemi. Scegli la base in rapporto alla tua altezza perché non deve risultare troppo alta o troppo bassa; devi riuscire ad accedere facilmente anche all'ultimo ripiano senza sforzi e senza dover ricorrere a una scaletta non sempre a portata di mano, né tantomeno sicura. Ecco come devi regolarti per quanto riguarda il posizionamento delle basi e dei pensili:

- basi: le misure solitamente variano tra 82 e 100 cm (per persone molto alte) regolando l'altezza dei piedini;
- pensili: di norma si mettono a parete a partire da 140 cm da terra in modo che, se sono alti 70 cm, riesci ad accedere anche all'ultimo ripiano senza sforzi. Se preferisci i pensili da 90/96 cm, metti in alto solo quello che usi raramente.

Vale lo stesso discorso anche se devi acquistare un tavolo: bisogna tener conto non solo di fattori estetici, sicuramente importanti, ma soprattutto di quelli legati allo spazio di cui disponi. Il primo elemento da prendere in considerazione è la forma del tavolo, che deve essere scelta in base alle dimensioni della stanza; quindi, attenzione a non acquistare un modello di tavolo troppo grande o troppo piccolo perché non sarebbe funzionale e potrebbe persino rompere l'equilibrio e l'armonia delle proporzioni della sala da pranzo/cucina.

In riferimento alla forma del tavolo, devi tener presente che:
- il tavolo rettangolare: è quello più diffuso nelle nostre case, particolarmente adatto per ambienti dalla forma allungata o a "L". Perché il piano sia comodo, la sua profondità deve essere di almeno 80 cm. Le dimensioni minime per quattro persone sono 80x120 cm ma, affinché la forma rettangolare abbia il massimo risalto, il piano del tavolo deve essere lungo almeno 160 cm, comodo per sei posti tavola;
- il tavolo ovale: costituisce una valida alternativa al tavolo rettangolare in quanto, rispetto a quest'ultimo, a parità di dimensioni, permette di avere due posti in più grazie all'assenza di spigoli. Quanto alle misure: un piano da 160x80 cm può ospitare sei persone, mentre una lunghezza di 180 cm va bene per otto;
- il tavolo quadrato: ha lo svantaggio di essere la forma che ingombra di più rispetto al numero dei posti che permette di ospitare. Infatti, un piano da 80x80 cm contiene quattro posti e richiede complessivamente un'area di circa 240x240 cm.
- il tavolo rotondo: ha il vantaggio di poter essere collocato negli spazi d'angolo e di riuscire a ospitare il maggior numero di persone con l'ingombro minore. Inoltre facilita il dialogo

fra tutti i commensali e non crea posti "privilegiati". Quanto alle dimensioni, tieni presente che un diametro di 90 cm è adatto per quattro persone, da 100 a 105 cm per cinque, da 120 a 130 cm per sei.

Tavolo collezione Rimadesio

Quanto alla scelta del materiale, va premesso che negli ultimi tempi si assiste alla diffusione di una grande varietà di materiali e finiture, capaci di soddisfare qualsiasi tipo di gusto ed esigenza. Ad esempio i più diffusi sono tutto legno (rovere, noce, faggio, frassino) oppure con il piano in vetro abbinato a piedi di metallo. Di grande attualità sono i laccati, opaco o lucido, a effetto traslucido nelle superfici in vetro o con finitura anticata nei modelli più tradizionali.

Scelto il tavolo, ti starai chiedendo: «Con tutti questi materiali a disposizione che tipo di sedie devo abbinare?» La scelta delle sedie costituisce per molti un vero e proprio dilemma. In realtà, le sedie non devono essere necessariamente coordinate al tavolo; anzi, la tendenza attuale le vuole in netto contrasto con lo stile del tavolo, tanto che spesso a un tavolo classico o antico vengono accostate sedie moderne dalla forma estremamente semplice e lineare. Puoi giocare con i contrasti di colore, di forma e materiale accostando ad esempio a un tavolo massiccio e pesante sedie leggere e trasparenti; oppure è possibile abbinare a un tavolo sinuoso sedie sinuose, così come a un tavolo squadrato sedie squadrate: stesse forme ma differenti nei materiali e nei colori.

L'importante è che le sedie siano compatibili al tavolo per forma e altezza: per poter inserire comodamente le gambe sotto il piano del tavolo è necessario che tra questo e la seduta ci siano 25/30 cm. Per quanto riguarda la larghezza della seduta, per essere comoda, deve essere in media 45 cm.

Collezione sedie Arredaclick

SEGRETO n. 2: Prendi le misure e valuta bene le dimensioni dello spazio che hai a disposizione facendo attenzione all'ingombro degli oggetti d'arredamento che spesso in negozio sembrano molto più piccoli.

Il soggiorno

Per arredare la zona living hai qualche problema? Non sai dove mettere divani, poltrone, tavolini, pouf? Di seguito vorrei darti poche e semplici linee guida per disporre tutto anche nelle living più contenute.

Ecco alcuni consigli per valorizzare sia lo spazio che l'estetica anche per chi non dispone di un ambiente molto ampio:

- sfrutta al meglio le pareti in quanto divani e poltrone a centro stanza rubano spazio, anche visivo;
- meglio abbinare un divano lineare con pouf piuttosto che uno componibile: il pouf ti servirà sia da chaise-longue che da seduta di fortuna in caso di ospiti;
- utilizza l'elemento pouf anche come tavolino, evitando così un tavolo centrale che rimpicciolisce gli spazi oppure, in alternativa, usa piccoli elementi a forma di cubo da 40-45 cm di lato come tavolini non ingombranti da poter spostare all'occorrenza; addirittura oggi esistono modelli di divano con tavolino già incorporato nella struttura (vedi immagine seguente);
- se vuoi disporre una o più poltrone sfrutta gli angoli della sala,

spesso vuoti e inutilizzati;

- meglio un divano lineare o uno componibile a L rispetto a due divani; infatti disporre due divani vuol dire rubare più spazio con i braccioli e avere un angolo morto fra i divani;

Divano collezione Doimo Sofas

Se non hai problemi di spazio, invece, puoi optare per effetti scenografici posizionando al centro del soggiorno il tuo divano "scultoreo". Anche in questo caso, comunque, ricorda che vale sempre la regola: meglio pochi elementi d'impatto rispetto a un arredamento troppo eterogeneo.

La camera da letto

È la stanza principe del relax in casa. La camera da letto è la stanza più intima della casa ed è quella dove passiamo almeno un terzo delle 24 ore di un giorno, quindi un terzo della nostra vita. Non è solo il luogo dove dormire ma anche rilassarsi e passare momenti indimenticabili con le persone che amiamo.

Gli arredi indispensabili in una camera da letto sono:
- letto, ovviamente completo di rete e materasso;
- comodino, uno per posto letto;
- guardaroba o cabina armadio;
- comò con cassetti o settimino.

Il letto è l'elemento "fulcro": potrai scegliere tra un letto con struttura in legno, in metallo (materiale freddo) o rivestito in pelle (materiale caldo) o tessuto, dalle linee nette oppure con profili arrotondati, per rendere più morbido l'insieme. In una camera matrimoniale il letto deve necessariamente distanziarsi da entrambi i lati di almeno 60 cm da pareti o dal punto massimo di apertura delle ante di un armadio, per consentire un passaggio comodo.

Letto collezione Alf +Dafrè

Il letto ha tre possibilità di posizione:
- il lato della testiera appoggiato a una parete, sicuramente la più comoda e usuale;
- in mezzo alla stanza, con tutti i lati distanti dalle pareti (di grande effetto scenico ma che necessita di un ambiente molto grande);
- in un angolo: in questo caso il letto sarà in posizione obliqua rispetto alle pareti e gli altri lati risulteranno appunto inclinati

rispetto ai muri; in questo caso è più adatto l'abbinamento con una cabina armadio invece che del guardaroba da collocare nella zona dietro la testiera.

A seconda di come è posizionato il letto, si sceglie poi come sistemare gli altri elementi:
- accanto ai lati del letto ci saranno i comodini, con relative luci da notte e gli scendiletto;
- il guardaroba andrà a occupare una parete libera, lontano almeno 60 cm dal letto se si tratta di un guardaroba a porte scorrevoli, almeno 90 cm se si tratta di un guardaroba con ante a battente;
- il comò occuperà un'altra porzione di parete, possibilmente non la stessa del guardaroba e rispettando sempre le distanze dal letto;
- sul comò troverà posto la specchiera a mezzo busto;
- uno specchio intero può essere posizionato nell'anta dell'armadio oppure nella parete accanto al guardaroba.

Potrai scegliere i comodini nella stessa finitura del letto o optare per un materiale differente, ma dello stesso colore, abbinandoli al comò o al settimino. Se la camera da letto è piccola, recupera spazio scegliendo, al posto dei classici comodini, semplici ripiani integrati nella testata del letto o semplicemente usati come mensole.

Archivio Archidigital Studio

Il guardaroba è una scelta importante perché non solo deve contenere ma deve anche arredare al meglio la nostra casa. Se al posto del guardaroba c'è la cabina armadio questa deve avere un accesso facile e comodo direttamente dalla camera da letto.

Il settore dell'arredamento offre infinite proposte di armadi e cabine armadio: se a un occhio inesperto una vale l'altra, esistono in realtà molte differenze che è bene conoscere prima di effettuare l'acquisto, per non pentirsene in seguito. La valutazione deve essere effettuata a tutto campo: dimensioni, estetica, qualità, materiali e, ovviamente, il prezzo! Nulla deve essere lasciato al caso e tutto deve essere ottimizzato.

Quanto ai materiali, gli armadi più innovativi sono realizzati in alluminio, vetro ed essenze (come il "wengè") che garantiscono un risultato sofisticato ma, allo stesso tempo, minimal e adattabile ad ogni stile di arredamento. Qualunque sia la scelta, ti consiglio di optare sempre per armadi di buona fattura per evitare di ritrovarti con un anta in mano a causa della qualità pessima delle cerniere o con l'anta che sfugge ed esce dalle guide! Ricordati, inoltre, che la fattura di un mobile si valuta anche in base a quante viti o bulloni si vedono all'esterno: quanto più è accurato il design e la cura del particolare tanto meno ti accorgerai dei vari elementi di montaggio.

E se invece vuoi optare per una cabina armadio? Devi sapere che è oggetto del desiderio di molti ma che in pochi riescono a realizzare in quanto avere una cabina armadio equivale ad avere una "stanza-armadio". Altrimenti, una soluzione intermedia che garantisce la massima funzionalità è rappresentata dall'utilizzo di pannelli scorrevoli che permettono di sfruttare, sia in altezza che in larghezza, tutto lo spazio disponibile e di realizzare armadi a muro su misura della parete o della nicchia ricavata dalla tramezzatura.

Cabina armadio Rimadesio

Invece delle cassettiere fisse puoi scegliere quelle dotate di ruote: in questo modo le operazioni di pulizia saranno più semplici e avrai sempre la possibilità di modificarne la collocazione con facilità. D'altronde oggi il mercato propone molte soluzioni per accontentare tutti, anche coloro che hanno spazi minimi a disposizione, grazie a sistemi componibili, realizzati in base alle esigenze e alle misure fornite dal cliente. Se hai questo desiderio, quindi, rivolgiti a ditte di arredamento qualificate, capaci di studiare la soluzione più adatta alla tua casa e di realizzarti una cabina armadio su misura.

Ricorda di curare sempre tutti i dettagli in quanto ogni elemento concorre a dare personalità e carattere alla tua camera da letto.

Bagno
Arredare il bagno non vuol dire solo disporre bene mobili e accessori, in modo funzionale e gradevole. L'arredamento bagno deve, prima di tutto, essere concepito in funzione del tuo modo di vivere la cura personale e il benessere. Il bagno deve essere accogliente e comodo.

Nella mia professione di architetto capita a volte il cliente che vuole la "super" vasca idromassaggio, che ha visto su non so quale rivista, e spetta a me, con molto tatto, spiegargli che quella splendida vasca non entrerà mai nel suo bagno di appena 3 mq!

Prima di arredare il bagno e prima di pensare a vasche da bagno da sogno, docce tecnologiche o lavabi scenografici diamo un'occhiata alla pianta: spesso per tanto splendore occorrono spazi da centro benessere! Dunque scegliere la vasca da bagno o la doccia dipende soprattutto dallo spazio a disposizione, oltre che dal gusto, ovviamente.

Archivio Archidigital Studio

Oggi comunque c'è una varietà tale di arredi bagno da creare solo l'imbarazzo della scelta; orientati in base alle tue esigenze, e al gusto:
- se appartieni alla schiera dei patiti della pulizia domestica sicuramente fanno al caso tuo i sanitari, i lavabi e i mobiletti che si presentano rialzati da terra;
- se desideri, invece, rilassarti con getti d'acqua e luci soffuse allora le docce dotate di cromoterapia e idromassaggio fanno al caso tuo;
- se sei un fanatico di tutto ciò che è tecnologico allora non puoi farti sfuggire la doccia o la vasca con lo stereo integrato!

Archivio Archidigital Studio

SEGRETO n. 3: Scegli per ogni ambiente un elemento su cui basare il resto della composizione dell'arredo.

E ora sbizzarrisciti! Che cosa c'è di più creativo e divertente se non disegnare il tuo arredamento in modo unico e originale?

RIEPILOGO DEL CAPITOLO 1:

- SEGRETO n. 1: Considera le varie stanze come parti di un insieme e non indipendenti e separate le une dalle altre.
- SEGRETO n. 2: Prendi le misure e valuta bene le dimensioni dello spazio che hai a disposizione facendo attenzione all'ingombro degli oggetti d'arredamento che spesso in negozio sembrano molto più piccoli.
- SEGRETO n. 3: Scegli per ogni ambiente un elemento su cui basare il resto della composizione dell'arredo.

CAPITOLO 2:
Come usare la luce, i colori e i materiali

L'illuminazione è un elemento importantissimo che, se ben utilizzato, può valorizzare e dare un tocco in più all'arredo di un ambiente. Non è semplice confrontarsi con questo argomento che necessita di una conoscenza approfondita della casa, non solo dei suoi spazi ma anche delle zone e delle aree funzionali, in cui, in base alle esigenze, è indispensabile portare o sottrarre luce, sia naturale che artificiale.

La nostra abitazione, a seconda dell'esposizione, è "investita" da una qualità e una quantità di luce che varia durante il trascorrere del giorno e non solo; i fattori che influiscono sull'illuminazione naturale sono anche stagionali, in quanto, con il trascorrere dei mesi, si passa da cupe giornate invernali a soleggiate giornate estive. È, dunque, molto importante scegliere un'esposizione ottimale per le varie zone della nostra casa. Una buona progettazione, infatti, prevede la distribuzione interna dei locali in modo da garantire un'adeguata luminosità naturale. Per ottenere ciò è meglio collocare le zone di servizio e i bagni a nord mentre la zona giorno e la zona notte a sud, quando è possibile.

Per quanto riguarda la luce artificiale, scegliere bene dove collocare i punti luce in una stanza è molto importante, soprattutto per vivere al meglio gli spazi in inverno, quando le ore di luce naturale sono poche, ma anche perché una giusta illuminazione può trasformare radicalmente lo stile di una casa, rinnovandolo senza dover ricorrere a chissà quale stratagemma!

Ecco, quindi, una breve guida per illustrarti con semplicità le tipologie di illuminazione e per suggerirti come sfruttarle al meglio nei diversi ambienti.

- **Lampade a sospensione**: sono sicuramente le più diffuse nelle nostre case. Grazie all'emissione di luce localizzata, sono ideali per illuminare il tavolo da pranzo. Per una perfetta illuminazione si deve tener conto della lunghezza del tavolo: quanto più è lungo tanto più potrebbe rendersi necessaria l'installazione di più lampade, le cui estremità devono stare a una altezza di circa 60-70 cm rispetto al piano del tavolo.

Sicuramente più comodi sono i modelli con saliscendi regolabili a piacere. Possono essere anche con diffusore opaco e rendere una luce più soffusa, ad esempio per la camera da letto o il soggiorno.

- **Lampade da terra**: particolarmente versatili e facili da spostare in base all'esigenza del momento, si prestano a molti contesti; quelle orientabili e con lo stelo alto sono adatte sia per un angolo conversazione sia per l'illuminazione della sala da pranzo; le lampade da terra con diffusore opaco sono ideali per l'illuminazione del salotto.
- **Lampade a parete**: possono essere ad applique o con braccio, fisso oppure estensibile. Le applique sono ideali per l'illuminazione delle zone di passaggio, come un ingresso o il corridoio; le lampade a parete con braccio per ottenere un'illuminazione localizzata dove serve: in bagno (ai lati o sopra lo specchio), in camera (ai lati del letto) o per mettere in risalto un oggetto di valore, ad esempio in una nicchia.
- **Faretti**: come le applique, vanno bene per illuminare le zone di passaggio dato che emettono una luce diffusa ma non intensa. L'intensità dell'illuminazione, comunque, può essere aumentata facendo installare più faretti vicini tra loro e

utilizzando lampadine con potenza maggiore. Di grande tendenza i faretti incassati al controsoffitto, meglio se dicroici, perché non rilasciano calore.

Una casa è ben illuminata quando si è tenuto conto delle attività che si svolgono nelle diverse stanze e delle necessità per le quali sono adibite; per questo il modo di illuminare deve essere diverso da stanza a stanza, ma anche da zona a zona, in base alla scenografia luminosa che si vuole creare.

Ad esempio, se in un ambiente vogliamo destinare degli spazi alla lettura o al lavoro questi dovranno essere illuminati da luce orientata o diretta (per intenderci, le lampade da terra collocate vicino a una poltrona o quelle da tavolo con diffusore orientabile). Questa stessa luce si può sfruttare per mettere in risalto foto o quadri, per dare evidenza all'interno di un mobile antico o agli scaffali di una libreria.

Attenzione, però, a non commettere l'errore di illuminare un ambiente solo con un'illuminazione di tipo orientato, perché si rischierebbe di creare un contrasto molto forte con il resto della stanza, che rimarrebbe in penombra. Ecco quindi la necessità di organizzare l'illuminazione prevedendo anche punti luce d'atmosfera o diffusa, che spargano la luce in tutto l'ambiente, dandogli calore e intimità.

La luce generale o indiretta, invece, è la tipologia di luce che diffonde illuminazione in tutto l'ambiente, distribuendosi su tutte le superfici uniformemente; quindi le "normali" lampade da soffitto. Ma anche in questo caso, l'invito è a infrangere le vecchie regole: non è obbligatorio, infatti, collocarle sempre al centro di una stanza, ma possiamo disporle sopra il tavolo della zona pranzo o decentrate nel soggiorno.

Fai attenzione, però, in quanto sotto la luce generale i colori dell'arredo, dei tessuti di divani, tende e tovaglie si appiattiscono gli uni sugli altri, uniformandosi e perdendo di "carattere". E anche i diversi materiali rischiano di perdere risalto. Per questo motivo le luci generali vanno sfruttate in maniera differente rispetto a quelle d'atmosfera, accendendole, per esempio, solo nei momenti in cui abbiamo la necessità di un'illuminazione maggiore. Oppure, se vuoi evitare l'inconveniente, puoi sempre optare per soluzioni d'illuminazione generale che prevedano un dispositivo che permetta di regolare l'intensità della luce (dimmer).

Per ottenere effetti di luce accoglienti e suggestivi, si possono utilizzare faretti incassati appunto nella controsoffittatura, nei punti che si vogliono illuminare meglio. In alternativa o abbinati a questi ultimi si possono utilizzare tubi fluorescenti al neon inseriti nel vano del controsoffitto, la cui luce fuoriesce in modo omogeneo e uniforme da alcuni "tagli" ricavati nei pannelli: di forme geometriche o curvi, a distanze regolari oppure no, questi tagli risulteranno la fonte principale di luce degli ambienti, conferendo anche al soffitto stesso un aspetto davvero insolito e personalizzabile.

La controsoffittatura è sicuramente indicata per il soggiorno o per il living: i faretti puntati su zone ben precise, di supporto all'illuminazione generale, rendono l'ambiente giorno accogliente e adattabile a diverse funzioni, per esempio non solo all'accoglienza degli ospiti, ma anche alla visione della tv, alla lettura o allo studio.

Archivio Archidigital Studio

SEGRETO n. 4: Impara a valorizzare gli ambienti con la giusta illuminazione progettata in base alle funzioni da svolgervi.

Il colore

La scelta delle tinte dei vari ambienti non deve essere dettata solo dalla tendenza del momento ma deve essere effettuata in base all'arredamento e i suoi colori, in modo che i vari elementi siano ben coordinati fra loro.

Archivio Archidigital Studio

L'utilizzo di tinte calde e fredde, chiare o scure può modificare la percezione delle proporzioni di una stanza in quanto le prime sembrano avanzare, le seconde sembrano retrocedere. I colori chiari tendono a espandere un ambiente, mentre le tonalità più scure creano l'effetto opposto. Per esempio un corridoio troppo lungo sembrerà più corto se adopererai un colore scuro per la parete in fondo e colori chiari per le altre, oppure potrai "accorciare" un soffitto molto alto tinteggiandolo di un colore più scuro delle pareti. Tuttavia la piacevolezza di un arredamento dipende dall'alchimia dell'insieme, pertanto l'utilizzo di tinte più scure e calde può essere indicato anche in ambienti non grandi, se questo contribuisce alla buona riuscita del progetto complessivo.

Sugli accessori come tappeti, cuscini, complementi, lampade e biancheria possono essere osati anche colori particolari o finiture preziose, in quanto nel tempo si prestano a essere sostituiti più frequentemente e agevolmente, così cambiarli vorrà dire rinnovare l'ambiente senza costosi interventi.

I colori così definiti "primari" sono il magenta, il giallo e il blu, che mescolati tra di loro danno origine ai colori "secondari" come il verde, l'arancio e il viola; unendo fra di loro i colori secondari, in ogni combinazione possibile, riusciremo a ottenere tutti i colori esistenti in natura che, a loro volta, si distinguono in caldi (rosso, giallo, arancio, beige…), freddi (viola, blu, verde…), neutri (bianco, nero, grigio); alcuni appartenenti a queste categorie possono diventare freddi o caldi in base alla tonalità, un esempio può essere il giallo limone e il rosso che tende al viola (giallo e rosso sono caldi ma in queste tonalità risultano freddi).

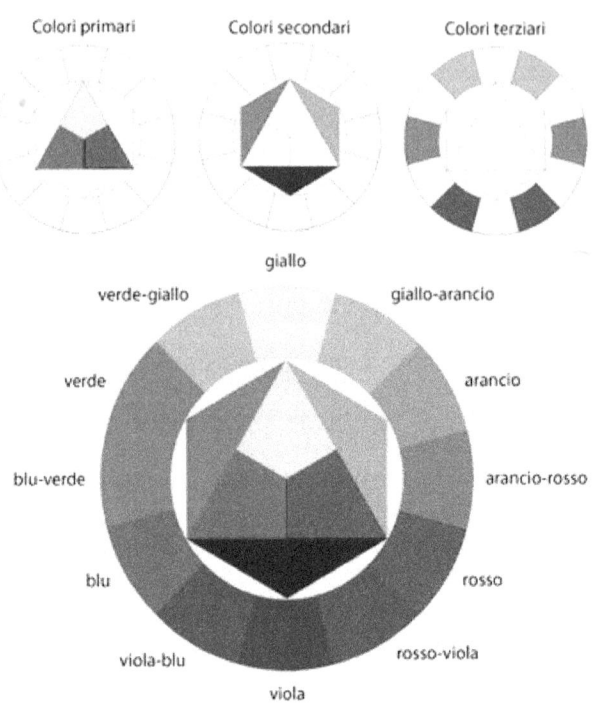

Ruota di Itten

Vediamo, allora, come scegliere e utilizzare i colori più appropriati per l'ambiente in cui si vive o si lavora. Ad esempio il classico bianco, magari in tonalità panna o bianco sporco, va sempre bene, soprattutto se i mobili e/o il pavimento sono in legno o tonalità scure. Ma se vuoi optare per un tocco di colore, di seguito ho inserito delle indicazioni di base per scoprire quello più adatto alle varie stanze.

- **Soggiorno-Living**: l'arancione è sicuramente il colore più indicato per questi ambienti; può essere presente come tinta sulle pareti, oppure nei divani o nei tappeti. Questo colore favorisce l'allegria, la comunicazione, il piacere di stare insieme.
- **Cucina**: meglio privilegiare le varie tonalità del giallo, il colore che più di tutti favorisce la digestione.
- **Bagno**: l'azzurro e il verde chiaro abbinati a colori caldi hanno un effetto rilassante e rinfrescante. Può essere una soluzione preferire i colori freddi per le pareti o il pavimento e quelli caldi per gli oggetti, gli asciugamani e i complementi d'arredo.
- **Camera da letto**: sono indicati i colori pastello, rilassanti e distensivi, i cosiddetti colori freddi, tonalità rilassanti che stimolano il riposo come il verde, il blu, l'azzurro, il lilla; in questo caso è meglio abbinare pavimenti e mobili in tonalità chiara.
- **Studio**: indicato il giallo che favorisce l'attività e stimola l'apprendimento. Se in eccesso però il giallo porta alla perdita di concentrazione. Meglio riequilibrare questo colore con il verde o il turchese che favoriscono il rilassamento psicofisico.

Per chi ha paura di osare, è consigliabile scegliere sempre tinte pastello, molto tenui. Per chi invece è stanco già al momento del risveglio, sono consigliate tinte più forti di colori cosiddetti caldi, come il giallo, il rosso, l'arancione, che danno energia e vitalità.

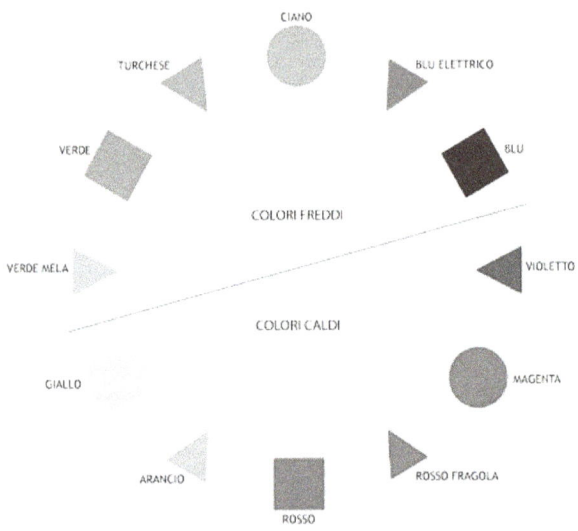

Tavola colori GRAFICA inlinea

Puoi rompere lo schema utilizzando un colore dominante solo su una parete, e al posto della stesura normale del colore scegli magari qualche effetto decorativo: stucco antico, veneziano, terre fiorentine, marmorino ecc.

Archivio Archidigital Studio

SEGRETO n. 5: Scegli un colore base per ogni stanza e gioca con le sue diverse tonalità e sfumature senza mescolare troppi colori.

I materiali

Molto importante è anche la scelta dei materiali e soprattutto del tipo di pavimento. Per quanto riguarda l'arredo sono sul mercato un'infinità di materiali e finiture come legno, impiallacciato, laminato, acciaio, vetro, corian, acrilico, composto di marmo ecc.

con una differenza di prezzi a volte abissale.

- **Legno**: è un materiale vivo e richiede un trattamento con olio protettivo. Molto durevole, se si graffia va levigato e oliato nuovamente. Il legno massello è più costoso ma ha caratteristiche di resistenza più elevate rispetto all'impiallacciato.
- **Impiallacciato**: pannelli in truciolare (scarti di legno uniti con colla) rivestiti da fogli di tranciato legnoso.
- **Laminato**: pannelli in truciolare rivestiti da fogli di laminato (resine fenoliche). Resiste poco al calore, molto a liquidi e detersivi.
- **Acciaio**: soprattutto in cucina è funzionale e durevole, richiede grande manutenzione con appositi detergenti da sciacquare e asciugare subito con un panno morbido.
- **Vetro**: perché sia molto resistente e non rischi la rottura deve essere temperato. Quello liscio si pulisce facilmente, quello acidato può avere problemi con il calcare. È, comunque, un materiale che non si graffia facilmente.
- **Corian**: materiale composto da resina acrilica e idrossido di alluminio con eventuale aggiunta di pigmenti colorati, molto resistente al calore, alle sollecitazioni e alla luce del sole. È

ideale per le sue caratteristiche per i mobili della cucina.
- **Acrilico**: molto resistente al calore, è praticamente inattaccabile e non è assolutamente poroso.
- **Composto di marmo**: è formato da una miscela di marmo e resina con un trattamento che lo rende inattaccabile alle sostanze normalmente utilizzate in cucina (l'acido lo opacizza).

Scegli quello che fa più al caso tuo seguendo i consigli del tuo rivenditore di fiducia. La gamma di colori è molto ampia ed è ardua la scelta dell'abbinamento: puoi optare per una tinta a contrasto che crei uno stacco deciso tra i mobili e l'ambiente che lo contiene, oppure sceglierlo in tinta della stessa tonalità delle pareti creando un effetto visivo omogeneo.

Per quanto riguarda i pavimenti oggi sono disponibili sul mercato vari materiali; nella scelta ricordati che il pavimento non è solo un qualcosa da calpestare ma deve essere considerato un vero e proprio elemento d'arredo!

Tra i principali tipi di rivestimento ricordiamo: parquet, marmo, ceramica, moquette, gomma linoleum, resina.

- **Parquet**: può essere a listoni con incastro maschio-femmina, di vari formati, con disposizione parallela, perpendicolare, a mosaico o a spina-pesce. Si distinguono cinque principali categorie di essenze: chiare (rovere, acero), rosate (ciliegio, faggio), rosse (acero canadese) o scure (teak e wengè). La spesa va da un minimo di 25-30 euro/mq se è a listoncini a salire per i listoni anche fino a 100-120 euro/mq.

- **Marmo**: è un materiale pregiato e costoso che conferisce agli ambienti un senso di eleganza e raffinatezza. Le colorazioni sono svariate: classici bianchi, rosa, ocra, quelli con venature verdi, blu, rosse e così via. È un materiale più indicato per le zone di rappresentanza della casa. Per quanto riguarda i costi si aggirano sui 40 euro/mq del bianco di Carrara a salire fino a 200 euro per i marmi più raffinati come quello giallo, verde e rosa.

- **Ceramica**: si distinguono 3 categorie in base al processo di produzione e alla finitura superficiale. Le ceramiche prive di rivestimento superficiale e sottoposte a un unico processo di cottura sono il clinker non smaltato, il cotto e il gres porcellanato; le ceramiche con rivestimento superficiale che subiscono due cotture sono il clinker smaltato e la maiolica; e infine le ceramiche monocottura. Le ceramiche sono indicate per tutti gli ambienti della casa in quanto permettono grande versatilità estetica e di stile. I prezzi partono da 15 euro/mq a salire.

- **Moquette**: è un ottimo isolante termico e acustico ed è una soluzione più economica rispetto a un pavimento tradizionale; spesso questo tipo di rivestimento viene utilizzato per coprire vecchi pavimenti rovinati. È un materiale che trattiene la polvere a sé e si macchia facilmente quindi necessita di molta pulizia. Si distingue in 3 categorie principali: bouclè (molto robusta, con pelo a occhiello), velluto (più pregiata, a pelo corto o rasato) e agugliata (meno soffice ed elastica a pelo corto o rasato). I prezzi variano da 10 euro/mq per quella sintetica a 80 euro/mq per quella in pura lana vergine.
- **Gomma e linoleum**: sono materiali che in passato venivano impiegati solo in edifici pubblici come scuole, negozi e ospedali ma oggi sono spesso utilizzati nelle residenze proprio per la loro versatilità ed eco-compatibilità. Sono in rotolo o in formati già tagliati e permettono di realizzare grandi superfici continue con una vasta gamma di colori e fantasie. Sono

materiali abbastanza economici con costi da 25-30 euro/mq.

- **Resina**: presenta l'aspetto di una lastra continua senza fessure e interstizi, omogenea cromaticamente con uno spessore di circa 2 mm, viene spesso utilizzata per coprire vecchie pavimentazioni; è disponibile in ogni gamma di colore, con finitura lucida o opaca, mono o policromatica. Il costo è di 75-100 euro/mq per lo spatolato e 150-300 euro/mq per l'autolivellante, anche con effetti scenografici.

In una camera da letto non sono indicati pavimenti "freddi", come può risultare ad esempio il marmo o la resina, di gusto "industriale" più adatti per la zona giorno; per la zona notte, parte intima della casa, il pavimento più adatto è quello in legno come parquet o laminato effetto legno (più economico del parquet) che danno un senso di calore, di accoglienza e rilassamento.

Se per la zona giorno vuoi ottenere un ambiente più accogliente e rustico può andar bene un cotto, in tinte calde, come la terra o il rosso-marrone; oppure il gres porcellanato che offre tante soluzioni anche di colore, oltre che di forme, che ti permetteranno di personalizzare l'ambiente rendendolo unico e dello stile che più preferisci. Anche in questo caso puoi fare il gioco dei contrasti: se non vuoi un risultato troppo omogeneo per i pavimenti dalle tonalità scure, scegli pareti e arredi chiari, per quelli dalle tonalità chiare opta invece per pareti o arredi scuri.

SEGRETO n. 6: Scegli con cura i materiali e i colori, sia dell'arredo che del pavimento, soprattutto in base alla stanza della casa alla quale saranno destinati e all'uso che ne farai.

Ricorda sempre che i miei sono consigli e strategie da seguire ma che riuscirai a ottenere buoni risultati solo se aggiungerai a tutto ciò tanto impegno e determinazione.

RIEPILOGO DEL CAPITOLO 2:

- SEGRETO n. 4: Impara a valorizzare gli ambienti con la giusta illuminazione progettata in base alle funzioni da svolgervi.
- SEGRETO n. 5: Scegli un colore base per ogni stanza e gioca con le sue diverse tonalità e sfumature senza mescolare troppi colori.
- SEGRETO n. 6: Scegli con cura i materiali e i colori, sia dell'arredo che del pavimento, soprattutto in base alla stanza della casa alla quale saranno destinati e all'uso che ne farai.

CAPITOLO 3:
Come arredare con tessuti e complementi

La scelta dei complementi d'arredo è la fase conclusiva del nostro percorso ma non per questo è meno importante. Ci siamo occupati della distribuzione degli ambienti, la scelta dei mobili in base allo spazio a disposizione, del colore delle pareti, dei materiali e dei rivestimenti ma ora dobbiamo curare i dettagli per arricchire e dare vita alla nostra casa. È arrivato il momento di dedicarci all'acquisto di tende, tessuti, cuscini, tappeti e quadri; elementi che possono, in pochi e semplici gesti, cambiare volto alla nostra abitazione.

Le tende

Quali sono le tende che si abbinano meglio al tipo di arredamento che hai scelto? La scelta delle tende è estremamente importante: le tende infatti sono l'accessorio di arredamento che più di ogni altro permette di personalizzare e caratterizzare un ambiente rendendolo meno anonimo senza spendere una fortuna. Per questo, prima dell'acquisto, occorre valutare molti elementi tra cui le dimensioni e la tipologia del serramento e in seguito i tessuti, i colori e l'effetto desiderato.

Archivio Archidigital Studio

Per sottolineare e valorizzare al meglio un ambiente moderno, quelle più di tendenza sono oggi le tende a pacchetto, che danno il meglio di sé in soggiorni con ampie finestre ma che si addicono perfettamente per ogni genere o tipo di ambiente grazie anche alla disponibilità sia nella versione a vetro che a soffitto. Sono ideali per regolare il flusso di luce naturale e "alleggerire" un ambiente o un arredamento molto lineare in quanto, quando sono raccolte, si trasformano in morbidi drappeggi. Però diventano poco pratiche se le finestre hanno ante a battente e se vengono aperte con molta frequenza.

Tende plissè collezione Calzolari

Quanto al tessuto, le tende ideali per un ambiente moderno e per finestre dalle grandi dimensioni sono in lino o in misto lino di colore bianco o naturale; per un effetto più sofisticato, perfette sono le tende a pacchetto arricchite da stecche che formano così onde che movimentano il tessuto.

Un'alternativa, ancora più originale e innovativa, alle tende a pacchetto sono le tende divise in pannelli, a vetro o a tutta altezza, che di norma sono scorrevoli. Sono maneggevoli e permettono di regolare facilmente e a proprio piacimento la luce solare. Però non lasciano mai completamente libero il vano finestra e, una volta chiuse, si sovrappongono l'una sull'altra, limitando il passaggio di luce (per questo è preferibile scegliere un tessuto che non sia troppo scuro). Questo modello è maggiormente indicato per porta-finestra o serramenti a tutta altezza.

Tende collezione InEOut

Negli ambienti con arredo classico invece le tende possono essere a più strati, con una mantovana e drappeggio laterale, monocolore o con una fantasia floreale, su una tenda leggera in seta bianca.

Anche per quanto riguarda le tende va sempre bene la regola del contrasto e puoi scegliere di abbinare due tende, una chiara e l'altra scura coprente, per qualunque ambiente, moderno o classico che sia.

Archivio Archidigital Studio

Quanto al tessuto, le tende sono proposte in lino, cotone, viscosa, seta e poliestere, generalmente in bianco e comunque in colori abbastanza chiari. Possono essere in tela compatta e coprente o leggera e trasparente. Per le finestre della cucina e per la camera dei bambini è indicato il cotone con motivi a fantasia o a tinta unita.

Le ultime tendenze in materia vogliono che la tenda sia lunga, raccolta in qualche punto, che ricada sul pavimento, proseguendo e adagiandosi su di esso. Puoi utilizzare un bastone dal design particolare, guide scorrevoli a vista sul soffitto oppure nascoste da un controsoffitto sapientemente progettato. Se hai difficoltà nella scelta rivolgiti a un rivenditore di fiducia che saprà consigliarti la soluzione più adatta alle tue esigenze.

Negli ambienti moderni puoi optare anche per le veneziane, simili a quelle che vengono utilizzate negli uffici. Infatti queste tende ti permettono, muovendo le alette, di regolare il flusso di luce a tuo piacimento, calibrando così la quantità di luce da far passare nella stanza e possono essere anche una valida alternativa alle persiane o alle tapparelle (addirittura, oggi in commercio, puoi trovare già gli infissi che le contengono nell'intercapedine dei vetri).

Tende veneziane Arquati

Per quanto riguarda, invece, l'abbinamento all'arredo va detto innanzitutto che la regola "tende/divano dello stesso colore" non è assoluta. Se scegli per il rivestimento del divano lo stesso colore e lo stesso tessuto delle tende sicuramente non sbagli e il risultato sarà certamente armonioso e coordinato. Lo stesso se scegli un colore tono su tono con il colore delle tende. Comunque, puoi scegliere per il divano un colore diverso, purché si tratti di colori che si abbinino bene tra loro.

SEGRETO n. 7: Prima di acquistare le tende tieni ben presente a quale tipologia di infisso deve essere applicata; considera lo spessore e la trama del tessuto in base alla quantità di luce da filtrare.

La carta da parati e gli stickers

Già, proprio la carta da parati! Ma non quella triste e polverosa delle case anni Settanta; oggi la carta da parati è uno strumento originale e di gran moda, in grado di "arredare" le pareti di casa. In commercio ne esistono di tutti i tipi, originalissime, colorate, divertenti che vanno dallo stile vintage alla grafica anni settanta, in un perfetto connubio tra arte e decorazione. Non a caso spesso sono frutto dell'estro creativo di designer di fama internazionale che utilizzano fantasie geometriche e motivi floreali, orientaleggianti o con disegni in *trompe-l'oeil* ecc.

Per l'applicazione voglio avvisarti che il *fai da te* potrebbe risultare abbastanza complicato e per evitare problemi rivolgiti a ditte specializzate nella posa in opera. Lo stesso vale per la rimozione del prodotto; quindi opta per la carta da parati solo se non hai intenzione di rinnovare l'ambiente ogni anno (cosa che puoi fare con la tinteggiatura) perché potrebbe risultare molto dispendioso a livello economico.

Applicazioni murali Yourdecorshop

Gli stickers, invece, cioè gli adesivi murali, possono dare un nuovo aspetto alle superfici verticali di casa. In commercio ce ne sono di diversi tipi, removibili e no, che rappresentano svariati soggetti. Quella che oggi ti sembra una banalissima parete bianca con l'applicazione, semplice ed economica, di qualche adesivo diverrà originale e insolita. Sono reperibili nei negozi di bricolage e *fai da te*, puoi applicarli da solo e potrai toglierli facilmente.

Carta da parati e stickers collezione Yourdecorshop

Ricorda che è il tuo gusto personale che può rendere la tua casa diversa da tutte le altre; con un tocco di "home style" la tua abitazione può cambiare in pochi e semplici gesti; senza dimenticare mai l'abbinamento cromatico che è un passaggio importante per rinnovare un ambiente e renderlo armonioso con il resto dell'abitazione.

I complementi d'arredo

Ti starai chiedendo dove trovare gli accessori, i complementi e gli oggetti perfetti per completare l'arredamento?

Sono molti i luoghi dove possiamo trovare l'oggetto d'arredo perfetto: i mercatini e i negozietti del fai-da-te possono darci spunti creativi per completare le soluzioni d'arredamento che hai scelto, i negozi di design possono esaltare il nostro arredo con accessori di particolare raffinatezza estetica, mentre i centri commerciali low-cost (che ormai sono sparsi un po' ovunque in ogni regione) possono arricchire e arredare la nostra casa con accessori semplici ma funzionali.

Inoltre ci sono apposite fiere e mostre regionali dedicate al mobile e al design come ad esempio la mostra del Salone Internazionale del Complemento d'Arredo che si svolge annualmente all'interno della Fiera del Mobile di Milano.

Quando si arreda casa spesso si investono notevoli quantità di denaro che invece potrebbero essere risparmiate utilizzando degli accessori di design facili da trovare ed economici, al posto di ingombranti e costosi mobili. Avere disponibilità economiche e idee è la migliore combinazione, ma spesso la prima viene a mancare, addossando sulla seconda tutti gli oneri. Quindi bisogna focalizzare l'attenzione sugli accessori, preferendo quelli che esteticamente si adattano meglio alla nostra casa e non appesantiscono l'ambiente.

Innanzitutto individua i punti cruciali in cui inserire gli accessori come ad esempio lo spazio a fianco alla tv, nell'ingresso, sopra il camino oppure sopra il tavolo da pranzo: questi sono i punti ideali per accessori che attirano e concentrano l'attenzione.

L'utilizzo di idee per la casa *fai da te* è molto importante, perché rende ogni spazio unico e personalizzato: per spendere poco e avere comunque un buon risultato, una buona idea è quella di sostituire gli accessori "pesanti" (in termini di arredamento) con altri che snelliscano la visuale, rendendo anche più ampia la stanza. Via i mobili ingombranti dando spazio, quindi, a elementi di design minimal nella sala e nella camera; elimina eventuali vetrinette in cui conservi tutti i vari gingilli e sostituiscile con quadri o, per risparmiare, con stampe leggere e stilizzate.

Archivio Archidigital Studio

Non dimenticare, infine, le piante, vanno bene sempre e, oltre ad essere accessori di design e di arredo, svolgono un'importante funzione di purificazione e rendono più "viva" la casa. Cerca di raggrupparle in un angolo, creando l'area verde della tua dimora, possibilmente vicino a una finestra o, comunque, a una fonte di luce.

SEGRETO n. 8: Scegli i giusti complementi e posizionali nei punti strategici per rendere completa e perfetta la tua soluzione d'arredo.

Risparmiare con gli acquisti online
Per chi non è amante dello shopping, non ha tempo da dedicare intere giornate ai mercatini o a giri estenuanti nei grandi centri commerciali, c'è sempre internet che ci aiuta a trovare l'oggetto che più ci piace comodamente da casa.

Attualmente anche nell'arredo della casa si sta diffondendo sempre più la possibilità di acquistare direttamente online o attraverso le televendite sia i mobili che gli accessori per l'arredamento.

Il mio consiglio è quello di fare sempre molta attenzione, però, a come e cosa si acquista, soprattutto per chi non ha un ottimo rapporto con l'uso del computer. Comprare via web significa spesso risparmiare soldi e tempo, ma con mobili online si rischia, non di rado, di incontrare sorprese!

Per evitare intoppi e problemi voglio darti dei suggerimenti per acquistare con serenità da casa tua:

- controlla le dimensioni degli oggetti (lunghezza, altezza e profondità) e il peso, perché dallo schermo possono sembrare molto più piccoli;
- affidati solo a siti internet conosciuti;
- controlla, in base alle dimensioni dei mobili, se riuscirai facilmente a portare gli oggetti in casa e non avrai bisogno di ascensori o montacarichi;
- verifica l'ingombro degli scatoloni, se passano comodamente attraverso le porte;
- dal web non riuscirai a controllare la qualità di materiali o finiture che dal vivo potrebbero risultare diversi da come sono mostrati in fotografia;
- cerca il prodotto presso i rivenditori così da poter controllare il materiale, le dimensioni reali per poi acquistali da internet;
- controlla i feedback e verifica nei vari blog le opinioni di coloro che hanno già acquistato il prodotto a cui sei interessato;
- esamina attentamente le clausole riguardo al montaggio dell'arredo che sono a carico dell'acquirente, se non

diversamente specificato, poiché alcuni mobili o accessori richiedono spesso attrezzi particolari o personale tecnico qualificato;
- attenzione alle imitazioni che ormai invadono il nostro quotidiano e spesso sono pessime riproduzioni (dal punto di vista qualitativo) di oggetti famosi;
- controlla l'omologazione dei prodotti, come gli oggetti e i complementi d'arredo, che siano sempre certificati dal marchio CE e non contengano, quindi, sostanze tossiche o nocive;
- non potrai testare la comodità di divani, letti e materassi, a meno che tu non li abbia già provati da un rivenditore;
- ricordati che per tutti gli acquisti di arredamento attraverso televendite o siti internet è possibile recedere dall'acquisto entro alcuni giorni, controlla bene le clausole sul contratto!

Ti suggerisco alcuni siti per i tuoi acquisti online:
- www.arredaclick.it
- www.edenilluminazione.it
- www.shopalike.it
- www.dammidesign.it

- www.yourdecoshop.it
- www.idealuceonline.it

SEGRETO n. 9: Con internet risparmierai tempo e denaro ma solo se fai attenzione a ciò che acquisti, controllando sempre dimensioni, materiali, provenienza della merce, affidandoti a siti specializzati.

Di siti internet collegati al settore dell'arredo, per trovare risposte ai tuoi problemi di arredo, ce ne sono svariati ma pochi sono realmente affidabili e curati da uno staff di veri professionisti.

Il sito www.onlineproject.it curato da studi di progettazione italiani, è, ad esempio, un portale nato per aiutare a progettare gli ambienti della casa. I progetti sviluppati affrontano tematiche diversificate: progettazione, interior design, ristrutturazioni, pratiche architettoniche il cui unico obiettivo è soddisfare il cliente!

Se nonostante tutto l'impegno e la buona volontà impiegata, non riesci a fare tutto da solo è meglio affidarsi all'esperienza dell'architetto e/o a siti specializzati del settore dell'arredamento. Il mio consiglio, quindi, è quello di non ostinarti a dover fare per forza tutto da solo. Se proprio non riesci a districarti da un problema o se non riesci a trovare tutto il tempo necessario potresti semplificarti il lavoro ricevendo qualche consiglio da personale qualificato.

In Online Project troverai un team che, con grande professionalità, opera nel campo della progettazione e dell'interior design e che sarà in grado di concepire progetti basati sulla volontà di proporre soluzioni uniche e originali. Ti fornirà inoltre una serie di interessanti indirizzi dove potrai trovare i tuoi oggetti preferiti, gli accessori d'arredamento migliori e gli ultimi complementi d'arredo disponibili sul mercato.

RIEPILOGO DEL CAPITOLO 3:

- SEGRETO n. 7: Prima di acquistare le tende tieni ben presente a quale tipologia di infisso deve essere applicata; considera lo spessore e la trama del tessuto in base alla quantità di luce da filtrare.
- SEGRETO n. 8: Scegli i giusti complementi e posizionali nei punti strategici per rendere completa e perfetta la tua soluzione d'arredo.
- SEGRETO n. 9: Con internet risparmierai tempo e denaro ma solo se fai attenzione a ciò che acquisti, controllando sempre dimensioni, materiali, provenienza della merce, affidandoti a siti specializzati.

Conclusione

Siamo giunti alla fine del nostro cammino. Ora dipende tutto da te! Mi auguro che questa guida ti sia stata d'aiuto per raggiungere gli obiettivi che ti sei preposto: progettare l'arredo della tua casa con stile, facilità e funzionalità. Le soluzioni per progettare, come hai potuto notare, possono essere molteplici e tutte valide se nascono da una giusta organizzazione degli spazi e da una buona conoscenza di ciò che offre il mercato.

Ricordati che si può fare a meno dell'architetto se si hanno a disposizione i migliori consigli per arredare unendo sempre il gusto personale alle proprie necessità. Potrai gestire lo spazio abitativo seguendo questa semplice guida di progettazione e trovare le giuste soluzioni d'arredo stimolando la tua creatività e il tuo personale gusto estetico.

Arredare e progettare è, oggi, più semplice e alla portata di tutti se si seguono le giuste strategie e si uniscono impegno e tanta determinazione. Seguendo queste semplici regole riuscirai a ottenere sicuramente un buon risultato. Ti identificherai nel tuo habitat perché l'avrai creato tu: la tua casa parlerà di te, racconterà il tuo modo di essere. E magari un giorno qualche tuo amico o parente, guardando la tua creazione d'arredo, ti chiederà persino consigli e suggerimenti!

Il mio lavoro, per ora, si conclude qui. Con questo libro ho voluto fornirti giusti strumenti, idee e conoscenze professionali. Ora tocca a te rimboccarti le maniche per utilizzarli al meglio.

Non mi resta che augurarti "Buon Lavoro!"

www.ingramcontent.com/pod-product-compliance
Lightning Source LLC
Chambersburg PA
CBHW050918160426
43194CB00011B/2454